Inhalt

Korruptionscontrolling - Lippenbekenntnis oder gelebte Wirklichkeit?

Kernthesen

Beitrag

Fallbeispiele

Weiterführende Literatur

Impressum

Korruptionscontrolling - Lippenbekenntnis oder gelebte Wirklichkeit?

H.Reil

Kernthesen

- Deutsche Unternehmen zahlten innerhalb weniger Jahre 1,5 Milliarden Euro Strafe, weil sie der Korruption überführt wurden.
- Daimler wird Anfang 2011 einen Ethikvorstand berufen, der das Ressort Integrität und Recht leitet.
- In Deutschland gibt es noch zu wenige Fraud Manager. Interessenten können sich allerdings bereits an einigen Hochschulen zu Spezialisten gegen Wirtschaftskriminalität ausbilden lassen.

Beitrag

Im englischsprachigen Raum machte in den achtziger Jahren des 20. Jahrhunderts Robert Klitgaard den Begriff Controlling Corruption populär. Der renommierte Wirtschaftsprofessor galt damals vielen als der weltweit führende Experte für Korruptionsbekämpfung. In Deutschland spielte diese Rolle der Staatsanwalt Wolfgang Schaupensteiner. Er forderte 1994 ein Korruptionscontrolling, um unlauteren Machenschaften ganz gezielt den Kampf anzusagen. Der Begriff Korruptionscontrollling wurde definiert als "die planmäßige und systematische Minimierung von korruptionsbedingten Risiken/Schäden durch den Prinzipal bzw. die externen/internen Prüfungs- und Kontrollorgane des öffentlichen/privaten Unternehmens durch die Implementierung eines Frühwarnsystems, die Steuerung der Aufbau- und Ablauforganisation sowie die Steuerung der Mitarbeiter und Kunden/Lieferanten." (1)

Seitdem, so scheint es zumindest, hat sich in der deutschen Wirtschaftslandschaft viel getan. Nach § 130 OWiG ist die Unternehmensleitung von Haus aus verpflichtet Aufsichtsmaßnahmen zu treffen, die verhindern, dass aus dem Unternehmen heraus Straftaten begangen werden. Eine

Regierungskommission, die das Bundesministerium für Justiz eingesetzt hat, hat zudem am 26. Februar 2002 den sogenannten Corporate Governance Kodex verabschiedet, der zuletzt am 26. Mai 2010 nochmals angepasst wurde. Er verpflichtet Firmen dazu, ihre Regeln für Leitung und Überwachung des Unternehmens transparent zu machen. Weltkonzerne, aber auch immer mehr mittelständische Firmen beschäftigen zu diesem Zweck einen Chief Compliance Officer (CCO). Er zeichnet - salopp formuliert - dafür verantwortlich, dass tatsächlich alles mit rechten Dingen zugeht. Ob die Wirklichkeit diesem hehren Anspruch allerdings standhält, darf bezweifelt werden. Immer wieder sind Firmen mit bester internationaler Reputation in Skandale verwickelt. Ist Korruptionscontrolling also nur ein Lippenbekenntnis oder tatsächlich gelebte Wirklichkeit? (1), (2)

Korruptionsverdacht gegen Telekom-Chef: Obermann beteuert Unschuld

Im Spätsommer dieses Jahres eilte eine Meldung wie ein Lauffeuer durch die deutsche Medienlandschaft: René Obermann, der oberste Chef der Telekom, war angeblich vor fünf Jahren in einen

Bestechungsskandal verwickelt. Der Vorwurf gegen den Manager und weitere Führungskräfte: Osteuropäische Tochtergesellschaften der Telekom sollen Schmiergelder an Regierungsbeamte gezahlt haben, um sich unter anderem Vorteile bei der Vergabe von Mobilfunklizenzen zu verschaffen. Zur Zeit, als die Gelder mutmaßlich flossen, stand Obermann an der Spitze von T-Mobile International und war daher auch für den Osteuropamarkt verantwortlich. Das einzige Faktum bisher: Der Telekom-Chef beteuert seine Unschuld. Aber selbst wenn Obermann im Falle der Richtigkeit der Bestechungsvorwürfe persönlich nicht belangt werden kann, der Korruptionsverdacht gegen die Telekom-Töchter hält sich hartnäckig. Die Justiz ermittelt auf jeden Fall noch. (3)

Klaus Zumwinkel: Symbol des gierigen und korrupten Managers

Folgende Fälle sind dagegen schon ad acta gelegt: Jeweils am Ende der Jahre 2007 und 2008 wurde Siemens zur Kasse gebeten. Der Großkonzern überwies zur Strafe jeweils dreistellige Millionenbeträge für seine Beteiligung an einem Schmiergeldskandal. Letztes Jahr war für MAN Zahltag: Das Unternehmen blätterte 150 Millionen Euro hin, weil sich Mitarbeiter in großem Stil bestechen ließen. Ferrostaal wird es als nächstes deutsches Unternehmen treffen. Auch im Falle der Essener Handelsgesellschaft ist erwiesen, dass sich Mitarbeiter schmieren ließen. Zusammengerechnet mussten deutsche Unternehmen innerhalb weniger Jahre rund 1,5 Milliarden Euro an Strafgeldern berappen, weil sie rund um den Erdball Geschäftspartner, Behörden und Regierungen bestochen haben. Als Symbol des gierigen und korrupten Managers hat sich Klaus Zumwinkel verewigt. Der ehemalige Postchef wurde zu einer Bewährungsstrafe und zu einer hohen Geldstrafe verurteilt, weil er Steuern in Höhe von rund einer Million Euro über eine Liechtensteiner Stiftung hinterzogen hatte. (4)

Wieder im Fadenkreuz der Kritik: Wettbewerbsbehörde durchsucht Daimler-Zentrale

Daimler, auch ein ehemaliger Sünder von epischen Ausmaßen, hat angesichts dieser besorgniserregenden Entwicklung reagiert und will nun einen Ethikvorstand berufen, der das neu geschaffene Ressort Integrität und Recht leiten soll. Zwar steht noch nicht fest, wer für diesen anspruchsvollen Posten verantwortlich zeichnet.

Anfang 2011 wird das neue Vorstandsmitglied, das der Konzern übrigens nicht aus den eigenen Reihen rekrutieren will, aber definitiv seine Arbeit aufnehmen. Dass Daimler wie auch Siemens, die Deutsche Telekom, Fresenius und Fresenius Medical Care das Korruptionscontrolling im Vorstand verankern, ist zwar aller Ehren wert, gleichzeitig wirft dieser Schritt aber auch ein Licht auf die Moral, die in den Unternehmen herrscht. Compliance-Abteilungen hat zwar jede Firma, die auf sich hält, ihre Effizienz scheint sich allerdings in Grenzen zu halten. Noch einmal Daimler: Der Konzern zahlte im Frühjahr dieses Jahres 185 Millionen Dollar Strafe für Korruptionsverfehlungen in 22 Ländern zwischen 1998 und 2008. Im September sah sich der Konzern allerdings schon wieder im Fadenkreuz der Kritik: Die britische Wettbewerbsbehörde OFT durchstöberte die Daimler-Zentrale in London, weil sie rechtswidrige Absprachen im Nutzfahrzeuggeschäft vermutete. (5), (6)

Trends

In den USA gang und gäbe, müssen sich hierzulande sogenannte Fraud Manager oder Fraud Analysts erst langsam etablieren. In Deutschland gibt es zurzeit rund fünfhundert dieser Fachleute, die sich auf Wirtschaftskriminalität konzentriert haben.

Organisiert sind sie in der Association of Certified Fraud Examiners (ACFE), die auch Fraud-Spezialisten ausbildet. Weitere Möglichkeiten, sich zum Fraud Manager fortzubilden, bieten die Frankfurt School of Finance & Management an, das Institut für Risk & Fraud Management der Steinbeis-Hochschule in Berlin, das German Chapter of Association of Certified Fraud Examiners in Frankfurt am Main, die Deutsche Universität für Weiterbildung in Berlin und die International Anti-Corruption-Academy in Laxenburg bei Wien. Die Kosten für die Ausbildung sind allerdings kein Pappenstiel: In der Steinbeis-Hochschule Berlin müssen künftige Fraud Manager knapp 13 000 Euro für den Zertifikatsstudiengang berappen. Der zweijährige berufsbegleitende MBA-Studiengang kostet rund 30 000 Euro. (7)

Fallbeispiele

Ein Compliance Officer sollte schon aus eigenem Interesse darauf achten, dass das Unternehmen, für das er arbeitet, keine Rechtsbrüche begeht. Der Bundesgerichtshof hat in einem Urteil darauf hingewiesen, dass Compliance Officers im Rahmen ihrer sogenannten Garantiepflicht dazu verpflichtet sind, Straftaten gegenüber Dritten zu unterbinden. Tun sie dies erwiesenermaßen nicht, müssen sie sich persönlich vor dem Kadi verantworten. (10)

Siemens plant, seine Regeln für den Kampf gegen Korruption in Zukunft flexibler zu gestalten. In Ländern, in denen das Risiko für Bestechung weniger hoch ist, sollen Standardprüfungen ausreichen. Anderswo könne genauer kontrolliert werden. Die Compliance-Abteilung des Konzerns will damit auf hausinterne Kritik reagieren, die die geltenden Vorschriften als zu starr einstuft. (8)

SAS und das European Healthcare Fraud and Corruption Network (EHFCN) werden in Zukunft eng zusammenarbeiten, um die Korruption im europäischen Gesundheitswesen einzudämmen. Der Softwarehersteller hat zu diesem Zweck ein Programm entwickelt, mit dessen Hilfe sich Betrugsmuster in Datenbeständen analysieren lassen. Hintergrund: Knapp sechs Prozent der Ausgaben für die Gesundheitsversorgung gehen europaweit durch Betrug, Korruption oder Fehler verloren. (9)

Weiterführende Literatur

(1) Korruptionscontrolling
aus MM MaschinenMarkt Nr. 038 vom 20.09.2010
Seite 016

(2) Deutscher Corporate Governance Kodex
aus MM MaschinenMarkt Nr. 038 vom 20.09.2010

Seite 016

(3) Deutsche Telekom - Durchsuchung bei Vorstandschef René Obermann
aus MM MaschinenMarkt Nr. 038 vom 20.09.2010
Seite 016

(4) Zahltag für Ferrostaal
aus Süddeutsche Zeitung, 30.10.2010, Ausgabe München, Bayern, Deutschland, S. 29

(5) Daimler bekommt einen Ethik-Vorstand
aus Süddeutsche Zeitung, 29.09.2010, Ausgabe München, Bayern, Deutschland, S. 21

(6) Daimler sucht Top-Korruptionsbekämpfer Ab 2011 soll sich ein Vorstandsmitglied um "Integrität und Recht" kümmern // Gremium auf sieben Manager erweitert
aus Financial Times Deutschland vom 29.09.2010, Seite 2

(7) Ingenieure überführen Betrüger
aus VDI NR. 44 VOM 05.11.2010 SEITE 25

(8) Siemens prüft Korruptionsregeln
aus Frankfurter Allgemeine Zeitung, 18.10.2010, Nr. 242, S. 15

(9) Gegen Healthcare-Betrug
aus Frankfurter Allgemeine Zeitung, 18.10.2010, Nr. 242, S. 15

(10) Wann haftet der Compliance Officer? DAS RECHT AUF IHRER SEITE - NR. 217
aus WirtschaftsBlatt, 16.09.2010, S. 23

Impressum

Korruptionscontrolling - Lippenbekenntnis oder gelebte Wirklichkeit?

Bibliografische Information der deutschen Nationalbibliothek

Die Deutsche Nationalbibliothek verzeichnet diese Publikation in der deutschen Nationalbibliografie; detaillierte bibliografische Daten sind im Internet über http://dnb.d-nb.de abrufbar.

ISBN: 978-3-7379-0087-4

© 2015 GBI-Genios Deutsche Wirtschaftsdatenbank GmbH, Freischützstraße 96, 81927 München, www.genios.de

Alle Rechte vorbehalten. Dieses Werk ist einschließlich aller seiner Teile – z.B. Texte, Tabellen und Grafiken - urheberrechtlich geschützt. Jede Verwertung außerhalb der Grenzen des Urheberrechtsgesetzes bedarf der vorherigen Zustimmung des Verlags. Dies gilt insbesondere auch für auszugsweise Nachdrucke, fotomechanische

Vervielfältigungen (Fotokopie/Mikroskopie), Übersetzungen, Auswertungen durch Datenbanken oder ähnliche Einrichtungen und die Einspeicherung und Verarbeitung in elektronischen Systemen.